Lb 41/125

REFLEXIONS POLITIQUES

SUR

LA NOUVELLE CONSTITUTION

QUI SE PREPARE EN FRANCE,

ADRESSEES A LA REPUBLIQUE.

1793.

PAR le citoyen ROBERT MERRY, Anglais, auteur d'un poëme intitulé, *Le laurier de la liberté*; et d'une Ode fur l'aniverfaire du 14 Juillet &c. &c.

*Quos neque armis cogere, neque auro parare queas,
officio et fide parantur.*

SALLUST.

A PARIS.

DE L'IMPRIMERIE DE J. REYNER, RUE NOTRE-DAME-
DES-CHAMPS, N°. 1412.

REFLEXIONS POLITIQUES

SUR

LA NOUVELLE CONSTITUTION QUI SE PREPARE EN FRANCE,

ADRESSÉES A LA REPUBLIQUE.

LA Nation Françoise, occupée du foin de donner au monde un gouvernement fondé fur la liberté et l'égalité, a cherché à s'entourer de toutes les lumieres capables de l'éclairer dans cette vaste et glorieuse entreprise. En conféquence, elle a déclaré son intention d'accueillir et d'examiner avec foin toutes les idées qui lui feront offertes fur cette matière, de quelque pays et de quelque perfonne qu'elles lui viennent. C'est la franchise et la loyauté de cette invitation qui m'enhardit à hazarder fur ce fujet quelques réflexions, qui, lors même qu'elles fe trouveroient fauffes et erronnées, peuvent encore n'être pas destituées de toute utilité ; car il arrive quelquefois qu'une erreur reconnue conduit à la découverte de la vérité.

Tout le monde fait que la perfection d'un gouvernement confiste dans la garantie de la liberté et de la fûreté individuelle de tous les membres qui composent la fociété : une autre vérité, non moins constante, c'est que cette liberté et cette fûreté ne fauroient être l'ouvrage que du concours non équivoque de la volonté générale.

rale. Il ne s'agit donc plus que de ménager à cette volonté le moyen de se développer dans toute son énergie et de la manière la plus explicitement prononcée ; ce n'est que par-là qu'il est possible de protéger la masse entière du peuple contre les luttes continuelles de la cupidité privée, les menées sourdes de l'intérêt personnel, et les déprédations d'un égoïsme audacieux.

Dans l'enfance de la société, les idées de l'homme, quoique bornées à un petit nombre d'objets, manquoient de cette clarté qui conduit aux vrais principes. L'expérience ne l'avoit pas encore éclairé sur ces relations intimes, qui mettent tous les membres de la communauté dans une dépendance mutuelle les uns des autres ; il étoit loin de soupçonner que l'intérêt particulier et l'intérêt général fussent une seule et même chose ; et la distinction qu'il en faisoit, introduisit dans le monde une anarchie morale ; les lumieres et la force, naturellement destinées à opérer le bien général, furent tournées contre lui, l'homme éclairé opprima l'ignorant, et le foible, devint la proie du plus fort.

Ces abus et ces vexations qui se reproduisoient sous toutes les formes, eurent bientôt réduit la société à un état d'angoisse et de perplexité extrêmes. Et ce fut alors qu'elle eût recours à l'étrange remède de se dépouiller de sa volonté collective et de ses droits naturels en faveur d'un seul homme. Cette mesure portoit sur la supposition qu'élevé ainsi au dessus de la multitude, cet individu ne seroit plus sujet ni aux mouvemens de l'envie, ni aux agitations de l'ambition, et qu'en conséquence, il n'auroit pour objet dans l'exercice de ses fonctions, que le bien-être de tous.——— telle fut l'origine de la royauté. Mais le genre humain eut bientôt lieu de s'appercevoir de son erreur et de s'en repentir ; il éprouva pour son malheur, qu'en voulant élever un homme au dessus de ses égaux, il l'avoit élevé au dessus de lui-même ; que tout principe de sensibilité et d'humanité étoit absorbé chez lui dans la contemplation de sa grandeur imaginaire ; et que ce qu'il avoit regardé comme une divinité tutélaire n'étoit qu'un genie cruel et malfaisant.

Il n'a été que trop long-tems la victime de son erreur, il n'a payé que trop cher son imprudence, par la misere et par l'esclavage qui en ont été les suites. La rivalité entre des rois qui s'étoient arrogés toute autorité comme étant leur appanage exclusif, eut bientôt partagé la société en différentes bandes de voleurs et d'assassins. Les nations s'armèrent contre les nations, et s'entre-détruisirent avec fureur, pour assouvir l'ambition insensée de leurs tyrans. C'est ainsi que la surface de la terre, destinée à être le séjour de la paix et du bonheur, est devenue le théâtre permanent des guerres et du carnage.

Ce n'étoit pas tout : ces monstres couronnés sentant bien que leur autorité ne portoit sur aucune des bases de la justice ou de la vérité, et qu'elle choquoit également la nature et la raison, appellèrent la superstition à leur secours ; ils associèrent le clergé à leur système d'oppression, et l'asservissement du peuple fut le prix de cette coalition.

De cette union monstrueuse, entre l'état et l'église, naquirent le meurtre et le vol, l'ignorance et la rapine, la misere et le vice, l'inquisition et les bastilles : le brigand couronné et le fripon mitré, dévastèrent la terre ; l'épée du soldat et les anathêmes du prêtre triomphèrent par-tout des droits de l'homme ; la couronne et la thiare étoient les symboles magiques à l'aide desquels, ces infâmes charlatans opéroient leurs prestiges.

Par un enchainement d'artifices et d'impostures, le genre humain fut amené à croire que les maux qu'il enduroit étoient l'effet de la volonté du ciel ; que les larmes, les coups, les mortifications, étoient l'offrande la plus agréable à une divinité jalouse et vindicative ; et tandis que les mortels étoient par là réduits à maudire en secret leur malheureux sort, ils étoient encore privés de la triste consolation d'en trouver la fin dans une dissolution prochaine, par la crainte qu'on leur inspiroit des tourmens éternels.

Mais le monde commence à revenir de ces absurdités, si long tems soutenues par l'autorité des tyrans et par la fraude des prêtres. L'aurore de la vie, dégagée des nuages de l'erreur, commence à luire

luire sur un nouveau paradis terrestre, où l'arbre de la science n'est pas chargé de fruits défendus, mais de fruits dont tout homme est libre de se raffasier et de faire son bonheur.

La nouvelle constitution que la France prépare, va devenir l'évangile chéri et révéré des nations; pourvu que par une funeste inadvertence, il ne s'y glisse pas quelque principe erroné, ou que des fictions ingénieuses n'y soient pas substituées à d'utiles réalités.

Qu'il me soit donc permis d'offrir ici mes idées au sujet de la représentation

Il paroit qu'on s'accorde assez généralement aujourd'hui, à regarder un gouvernement *purement représentatif* comme un chef-d'œuvre de perfection. Cependant, si on veut en examiner les principes de près et avec une stricte impartialité, je ne doute pas qu'on n'y découvre de grands vices; des vices tels que nécessairement ils détruiroient le seul effet que l'on se seroit proposé en l'adoptant; tels encore, que si il n'étoit pas restraint à une simple agence, il porteroit, tôt ou tard, un coup mortel à l'égalité, à la liberté, et aux droits de l'homme.

C'est une mesure aussi dangereuse qu'absurde de soumettre la liberté d'une nation au soin et à la protection d'un corps représentatif. En effet, les membres de ce corps infatués de la confiance que leur a montré le peuple en les élisant, et convaincus de la sécurité avec laquelle il s'en rapporte à leurs décisions, finiroient par se dépouiller de toute contrainte, et par prendre leur propre volonté pour seule règle de leur conduite. Qui sait si on ne les verroit pas bientôt, à l'exemple du parlement d'Angleterre, former une aristocratie oppressive? Il ne faudroit pas même l'influence d'une liste civile pour les porter à se déclarer élus pour sept ou peut-être pour soixante-dix ans [*], un calcul tout simple de l'intérêt personnel suffiroit pour les y déterminer et pour chercher à enchaîner l'opinion publique dans les liens d'une invincible majorité.

[*] En Angleterre, lors de la revolution, le parlement ne fut élu p le peuple que pour trois ans, mais de son autorité privée il se constitua permanent pour sept ans.

Cependant

Cependant les répréfentans d'une nation ne peuvent être confidérés que comme des ferviteurs tenus d'obéir, en tout point, à la volonté du peuple fouverain ; et fi ce fouverain ne veille pas conftament fur eux, pour les contenir dans les bornes du devoir, ils ne manqueront pas de vouloir fubftituer leurs propres idées à celles du peuple, et l'interêt général finira par être facrifié à la violence des factions, et aux fourdes menées de l'intrigue.

Puis donc que le pouvoir abfolu annexé à la répréfentation ne peut que dégénérer graduellement en tyrannie, à moins que la volonté générale ne foit dans une activité conftante pour contenir et pour commander, il s'enfuit qu'un état permanent de délibération populaire devient abfolument indifpenfable, pour oppofer un *veto* efficace à tous les décrets que la partialité ou l'injuftice pourroient fuggérer à l'affemblée répréfentative.

Mais comment inveftir du pouvoir légiflatif tous les individus d'un vafte empire ? C'eft ce qui, au premier coup d'œil, paroit difficile, pour ne pas dire impoffible ; mais un examen plus approfondi fera voir que cette mefure eft auffi aifée à pratiquer, qu'elle eft indifpenfable.

L'affemblée conventionelle de France a fagement décrété, que la nouvelle conftitution fera foumife à l'examen du peuple dans fes affemblées primaires, pour y recevoir la fanction de fon approbation, avant de pouvoir paffer pour le code de la nation : rien de plus jufte, rien de plus falutaire que cette précaution. Elle porte fur des principes fi certains, qu'elle devroit s'étendre jufqu'aux articles même les plus minutieux de la légiflation. Il convient donc que tout décret paffé par l'affemblée répréfentative foit immédiatement imprimé, publié, et envoyé aux affemblées primaires, pour y être pris en confidération ; et qu'à la fin de chaque année, ou au tems fixé pour l'election des députés, tous les citoyens des diftricts émettent individuellement leur *veto* ou leur approbation fur chacun de ces décrets. Et dans le fait cette maniere de ratifier ou d'annuller des decrets eft tout auffi fimple que celle d'élire les députés.

Ainfi

Ainsi, une loi ne deviendroit conſtitutionelle qu'autant qu'elle feroit ſanctionnée par la majorité des aſſemblées primaires. Et s'il arrivoit que l'opinion publique fut également partagée pour et contre, alors le décret propoſé feroit ſuſpendu juſqu'à l'année ſuivante, et d'année en année juſqu'à ce qu'il fût approuvé ou rejetté par une majorité abſolue.

La réélection des aſſemblées nationales devroit avoir lieu tous les ans, par la raiſon que plus ſouvent une nation entiere eſt miſe en action, plus la liberté publique eſt en ſûreté. D'ailleurs la fréquence des aſſemblées primaires habitue le peuple à une plus grande facilité dans ſes délibérations, et lui fait mieux ſentir l'étendue de ſes obligations et ſa propre importance.

Pour prévenir les inconvéniens que pourroit entrainer tout délai dans l'exécution des décrets rendus journellement par l'aſſemblée nationale, il faut que ces décrets reſſortent immédiatement leur effet, et qu'ils continuent à avoir force de loi juſqu'à ce qu'ils ſoient rejettés dans les aſſemblées primaires.

Par-là, les affaires de l'état iront toujours leur train, les décrets de circonſtance et d'urgence n'éprouveront aucun obſtacle, et cependant ce ſera finalement la communauté entière qui aura prononcé individuellement ſur le mérite et l'utilité de chacun des actes décrétés par ſes repréſentans.

C'est donc avoir atteint le vrai point de la perfection que de fixer ainſi la ligne de démarcation entre les fonctions du peuple et celles de ſes repréſentans, en déléguant à ceux-ci le pouvoir d'agir, et reſervant à celui-là le droit de vouloir. Cette meſure déjouera pour toujours les manœuvres de l'ambition, de l'avarice, de la vanité et de l'intrigue.

Il eſt certain qu'aucun homme ne peut déléguer à un autre le droit de penſer pour lui ; il eſt donc impoſſible qu'une nation ſoit libre, à moins que tous les individus qui la compoſent, ne ſe maintiennent dans le droit de penſer pour eux mêmes ; à moins que le tout ne ſoit gouverné par le tout.

même

Après avoir ainsi developpé mes idées au sujet de la réprésentation en général, qu'il me soit permis d'ajouter quelques réflexions sur d'autres objets particuliers qu'il est bon, et peut-être même necessaire d'examiner à fond pour donner à la nouvelle constitution Françoise toute la perfection dont elle est susceptible.

La forme de gouvernement que la France a adopté provisoirement, consistant en une assemblée nationale, et en un conseil exécutif composé de six ministres, a l'avantage de donner une grande énergie à toutes ses opérations : mais si elle étoit permanente, les suites en seroient dangereuses et tendroient nécessairement à l'aristocratie, le conseil exécutif auroit trop l'air d'*un ci-devant* conseil du cabinet. L'influence des six ministres dont il seroit composé, s'étendroit trop loin ; elle leur fourniroit des moyens de corruption capables peut-être d'anéantir un jour l'indépendance de l'assemblée nationale ; ils se trouveroient trop élevés au dessus de la nation ; et si jamais il arrivoit que ce ministère fut composé d'hommes vains et intéressés, ils ne trouveroient que trop de facilité pour s'enrichir aux dépens du public, ou pour se donner une importance incompatible avec la fierté d'un peuple libre : de-là, les cabales sans fin, les secrets d'état, les sommes pour des dépenses secrettes, la partialité des faveurs, l'influence des liaisons de famille, *les artifices pour rehausser la médiocrité* et généralement tous les maux résultans d'un systême combiné d'oppression. Rejettez donc, François ! rejettez pour toujours une forme de gouvernement qui mettroit la masse entière du peuple à la merci d'un petit nombre d'individus, ou qui ouvriroit pour les honneurs, et l'avancement une carrière autre que celle des talens, du patriotisme et de la vertu.

Les rois et leurs ministres s'étendent avec complaisance sur la nécessité d'un pouvoir exécutif isolé. Mais il en est de cette prétention comme de cette autre dont ils ne cessent de nous bercer sur *la nécessité d'une force armée permanente.* L'une et l'autre prétention n'a pour objet que d'enchainer le peuple à l'obéïssance.— Une nation qui se donne des loix peut bien les mettre elle-même en exécution ; et il ne faut pas un grand fonds d'habilité et de moyens pour veiller à ce qu'un décret resforte son plein effet... Il n'y a pas dans les bureaux un commis qui ne soit en état de remplir cette tâche. Une conduite franche, et la publicité des opérations sont les plus sûrs garans de la liberté ; la tyrannie ne s'établit qu'à l'ombre du secret et du myftère.

On peut comparer le corps politique à l'homme. Chez celui-ci on trouve une intelligence qui dirige, et des membres qui exécutent ses opérations. Mais si un de ces membres n'agit pas conformément à la direction de la volonté, ou s'il agit contre elle, ce ne peut être qu'autant qu'il est dans un état de paralysie ou de convulsion : il en est de même du corps politique ; si la volonté générale ne dirige pas les membres exécuteurs de l'état, il ne peut qu'être malade et languissant ; il aura la figure *d'un squelette hideux* et la conduite d'un maniaque ou d'un idiot.

François ! vous avez terrassé le monstre dévorant de la royauté, vous avez enchaîné le géant orgueilleux de l'aristocratie ; il ne vous reste qu'à écraser le serpent insidieux de l'autorité exécutive.

Tant qu'une république laissera subsister dans son sein une domination exécutive, et des fonctions auxquelles est affecté la dispensation des graces et des emplois, sans aucune intervention de la volonté générale, on peut prononcer que la liberté de cette république sera dans le plus grand danger ; le ministère y sera toujours l'écueil du patriotisme ; les hommes mêmes les plus purs n'auront pas été plutôt élevés à ce poste éminent, qu'enyvrés d'une autorité qui s'accorde si bien avec leurs intérêts, ils seront même, sans s'en appercevoir, transformés en d'autres hommes. Le vrai philosophe deviendra un misérable sophiste : et celui qui, la veille de son entrée au ministère, raisonnoit avec tout le calme et la justesse du bon sens, sera changé le lendemain en un froid rhéteur hérissé de métaphores myftiques, et de tous les lieux communs d'une vaine déclamation.

Et quand même ce ne seroit pas toujours là le cas, les inconvéniens n'en seroient pas moindres. En effet, il en est du Pouvoir

voir exécutif dont nous parlons comme de la royauté même, qui ne porte jamais des coups plus mortels à la liberté du peuple, que quand elle est exercée par un homme vertueux, si toutes fois on pouvoit supposer des vertus sur le trône : la raison en est que ces vertus éblouiroient le peuple jusqu'à lui faire regarder la royauté comme le meilleur de tous les gouvernemens, tandis que, dans le fait, c'est, de tous, le plus pernicieux. Par la même raison, un conseil exécutif composé de gens intègres et réunissant le patriotisme le plus pur, n'en deviendroit que plus dangereux. Le peuple, séduit par les avantages momentanés qu'il retire de leur administration, finiroit par se livrer à eux avec tout l'abandon de la confiance, et dès-lors c'en seroit fait de sa liberté et de son bonheur.

Supposons que la constitution françoise eût établi un pouvoir exécutif indépendant de la nation, supposons encore que ce pouvoir au lieu d'être confié à des mains pures, fût devenu le partage de gens qui n'eussent que le masque du patriotisme, il en résulteroit les conséquences les plus fâcheuses, non-seulement pour la république françoise elle-même, mais encore pour toutes les contrées de l'Europe qui aspireroient à devenir libres. L'Angleterre, par exemple, n'auroit plus d'espoir de recouvrer ses droits : il arriveroit que les deux factions qui divisent cette nation, agissant séparément, ou se réunissant peut-être en une formidable coalition, chercheroient, par des émissaires secrets, et par tous les moyens de la corruption et de l'intrigue, à former avec le conseil exécutif de France un traité dont l'objet principal seroit la garantie mutuelle de la constitution angloise et par conséquent la perte de la liberté Britannique. Ainsi ces deux peuples, si dignes par leurs vertus d'être libres, et si faits, tant par leur position topographique, que par la conformité de leurs sentimens, pour s'aimer et s'estimer, continueroient d'être livrés à toutes les machinations du despotisme et à toutes les fureurs de la jalousie nationale.

Hâtez-vous donc, nation généreuse et éclairée de faire paroitre et sanctionner votre nouvelle constitution ; c'est le seul moyen de tirer vos frères d'Angleterre de l'état d'incertitude et d'anxiété où ils se trouvent : il n'y a pas un moment à perdre, les dangers se multiplient autour de nous, et nos ennemis nous travaillent avec la plus grande activité.

La dénomination de *pouvoir exécutif* suffit pour induire dans les plus funestes erreurs. Dans le fait, il n'est, et ne peut être qu'une *obéissance* exécutive. Quoiqu'il en soit, je propose que cette office soit confié à 36 membres nommés dans le sein de l'assemblée représentative. Ce conseil général se sous-diviseroit en six conseils particuliers, dont chacun rempliroit les fonctions des six ministères ; ces six conseils se réuniroient de tems-en-tems, et aussi souvent que l'urgence des cas l'exigeroit, tant pour se communiquer leurs lumières, que pour prendre un parti sur les différens événemens qui se présenteroient. A la fin de chaque mois, il seroit élu six nouveaux membres pour en remplacer autant d'autres dont il sortiroit un successivement et par balot de chacun desdits conseils. De cette manière, le comité entier se trouveroit renouvellé dans sa totalité tous les six mois, sans qu'il en pût résulter aucune interruption dans la suite des affaires publiques. Dans le cours d'une même législature, aucun individu ne pourroit être élu deux fois membre de ce conseil. Ils seront tous tenus, sous leur responsabilité, chacun dans sa partie, de faire exécuter incessamment tous les décrets, et de veiller à ce que les deniers publics soient appliqués, sans prévarication ni délai, à leur destination. Et pour revêtir de l'authenticité nécessaire tous les actes de l'assemblée représentative, il faudroit qu'ils fussent munis de la signature du président, dont la responsabilité deviendroit aussi un nouveau garant de leur exécution.

Ce comité exécutif donneroit tous les 15 jours une notice exacte de toutes les places, et de tous les emplois vaquans, tant civils que militaires, et le *veto* de l'assemblée représentative déci-
deroit

deroit du choix des candidats, sauf toutes fois au conseil exécutif de recommander les individus qu'il jugera les plus capables de remplir ces fonctions. Dans le cas d'une extrême urgence, ce conseil peut être investi du pouvoir immédiat de nommer les sujets; mais ce seroit toujours sous la reserve de l'approbation de l'assemblée.

En cas de guerre, ou de quelque autre événement qui mette la patrie en danger, il est à présumer que la sûreté publique exigera un profond secret sur certaines opérations. Alors l'assemblée représentative pourra adjoindre provisoirement au précédent comité un autre comité extraordinaire, dont les fonctions feront rigoureusement restreintes au seul objet de son institution. Toutes ses opérations, quand il n'y aura plus d'inconvénient à les rendre publiques, seront soumises à l'examen de l'assemblée.

Par là, tous les fils de l'intrigue seront rompus, toutes les manœuvres de l'intérêt personnel absolument déjouées; le mérite seul donnera de la confidération; le citoyen le plus vertueux jouera le rôle le plus important; l'autel de la patrie ne fumera plus d'un encens pestilentiel; l'hydre de l'aristocratie sera terrassée, toutes ses têtes abattues ne laisseront qu'un cadavre inanimé qui disparoîtra à jamais de la surface de la terre.

L'établissement de ces comités exécutifs deviendroit encore un objet de grande économie pour la nation, puisqu'il épargneroit les salaires ministériels. Je voudrois pourtant que les membres de ces comités eussent, tant qu'ils seroient en place, un traitement proportionné à l'importance de leurs travaux.

Il sera sans doute à propos de donner de tems-en-tems des fêtes publiques, soit à des ambassadeurs, soit à d'autres étrangers d'un patriotisme distingué. Alors l'assemblée fournira généreusement aux frais de cette fête, et nommera des commissaires pour en faire les honneurs au nom de la nation. Mais il ne faut pas que ces cérémonies servent de prétexte pour créer des places dont les titulaires, exhorbitamment salariés, étaleroient un faste scandaleux et

incompatible

incompatible avec la fimplicité et les principes aufteres du républicanifme.

Le plus haut falaire qu'une république puiffe accorder à fes fonctionnaires, ne doit pas excéder la fomme de 50,000 livres. En effet, des emplois trop lucratifs doivent naturellement engendrer une foule d'intriguans interreffés, qui ne manqueroient pas de facrifier le bien général à leur profit particulier. C'eft une marque infaillible de la pureté et de la perfection d'un gouvernement que d'y voir furnager les hommes d'une vertu éprouvée, d'un mérite non factice, et d'un patriotifme incorruptible : au lieu que les gouvernemens vicieux, femblables à une liqueur en fermentation, ne font monter à la furface que les bulles de la folie, l'écume de l'ignorance et la lie de tous les vices.

La liberté de la preffe eft un autre objet qui mérite la plus grande attention.

La libre communication des penfées par les moyens de la preffe, eft le vrai *palladium* de la liberté; elle eft le plus fûr canal par où la philofophie puiffe s'infinuer dans l'efprit de l'homme : on peut faire remonter à l'invention de l'imprimerie la glorieufe révolution de la France, et cet efprit de réforme qui s'empare généralement de toute l'Europe. Avant cette invention précieufe, les progrès de la vérité étoient lents et ifolés; mais aujourdhui fa marche égale la rapidité de l'éclair : cependant, il eft néceffaire de mettre à cette liberté des bornes qui empêche qu'elle ne dégénère en licence, et que la malignité de l'écrivain ne porte atteinte à la réputation, tant de l'individu obfcur que de l'homme en place.

Le bien de la fociété exige donc que *la vérité* puiffe circuler librement, et que *le menfonge* et la calomnie foient réprimés et punis. Il faudroit donc déclarer criminel au premier chef l'homme coupable d'une fauffeté volontaire, foit contre l'état, foit contre un individu quelconque; mais auffi les vérités les plus fortes, les affertions les plus hardies, fi elles font fondées, ne devroient

vroient être foumifes à aucune punition : elle ne doit être refervée que pour la perfidie du faux dénonciateur de crimes privés ou de crimes d'état. Quant aux erreurs dictées par l'ignorance ou fuggérées par une imagination égarée, on ne peut les imputer qu'à la foibleffe de l'entendement, et non à la corruption du cœur.

Je conviens que pour établir cette théorie fur des principes invariables, et d'une utilité générale, il faut agir avec la plus grande circonfpection et l'attention la plus délicate.

La jurifprudence actuellement établie en Angleterre fur la liberté de la preffe, eft ce qui m'a conduit aux réflexions que je viens de préfenter. La poftérité aura peine à croire que dans un fiècle de lumières, et chez une nation qui fe targue tant de fa liberté, on ait eu l'impudeur, au mépris des principes éternels de la raifon et de l'équité, d'ériger en maxime qu'un *écrit pour ne contenir que la vérité, n'en eft pas moins un libelle* : et cependant, pour comble d'infamie, les impoftures les plus odieufes, les menfonges les plus impudens, pourvu qu'ils foient en faveur du gouvernement, peuvent être publiés, et fe publient tous les jours avec la plus grande impunité. Mais je me hâte de détourner mes regards du tableau que préfente la fituation affligeante de ma malheureufe patrie ; quand je la vois en proie à toutes les horreurs de l'inquifition, des baftilles, des lettres de cachet, de l'oppreffion militaire ; quand je fuis témoin tous les jours de l'audace avec laquelle on fe permet de violer ouvertement fes droits les plus facrés, et les principes fondamentaux de fa conftitution ; un pareil fpectacle me déchire l'ame, et me feroit perdre la raifon fi je m'y arrêtois long-tems.

Je paffe maintenant à l'examen de cette autre queftion ; favoir, fi la fociété a le droit, s'il y a pour elle quelque dégré d'utilité, d'infliger la peine de mort à aucun de fes membres, quel qu'énorme que puiffe être fon crime.

En foutenant la négative, je n'ai befoin, généreux Français, que d'en appeller, non-feulement à votre humanité, mais encore

aux

aux principes de la juſtice et de la raiſon, pour vous convaincre de toute l'atrocité des aſſaſſinats juridiques. L'uſage n'en a été établi que par des deſpotes ſanguinaires qui cherchoient plutot à inſpirer la terreur qu'à réprimer le vice. L'horrible ſpectacle d'un homme pendu à une potence, ou criant ſur une roue peut bien, pour un moment, cauſer une vive émotion; mais bientot le peuple s'habitue à ces ſcènes d'horreur, et ſon cœur s'endurcit. Ces atroces boucheries font perdre à la ſociété pluſieurs de ſes membres, ſans être d'aucun profit pour ceux qui reſtent, elles ſervent plutôt à exciter au vice qu'à en détourner par la frayeur ſalutaire de l'exemple. Dans tous les pays de l'univers, l'atrocité des crimes ſera toujours en proportion de la rigueur des punitions, et réciproquement les délits moins graves ſeront la ſuite ordinaire des châtimens mitigés.

Un fait aſſez récent vient à l'appui de cette aſſertion. Feu l'Empereur Léopold, dans le tems qu'il n'étoit encore que grand duc de Toſcane, conçut un projet digne d'un homme plus éclairé et plus vertueux que lui, et moins entiché des prérogatives de la royauté; ce fut d'abolir la peine de mort dans ſes états. Soit caprice, ſoit affectation de philoſophie; le décret ducal fut porté. Qui croiroit que preſqu'auſſitôt le caractère ſanguinaire des Toſcans fut entièrement changé, et que dans l'eſpace de vingt-ans, qu'a duré le règne de Léopold dans ce duché, il ne s'y eſt pas commis un ſeul meurtre; tandis qu'à Rome, à Naples, à Gènes, à Boulogne, à Turin, à Milan et à Veniſe les rues ſont chaque nuit teintes du ſang des citoyens, et que les aſſaſſinats des bandits ſe multiplient en proportion des exécutions du boureau.

Il eſt certain que tous les crimes ſont l'effet de l'ignorance: or, punir l'ignorance eſt une cruauté. Eclairez les hommes et vous les rendrez honnêtes; ce n'eſt pas le malheureux patient qui a le premier tort; mais bien la puiſſance qui le condamne: auſſi quand nous voyons périr annuellement, ſur l'échaffaud,
pluſieurs

plusieurs centaines de nos semblables. nous pouvons nous écrier, avec juste raison : ces enfans de l'infortune sont dignes de notre compassion : c'est le gouvernement sous lequel ils ont vécu qui mérite d'être anéanti.

Je vais plus loin encore, et je prétens que la société n'a pas le droit d'exercer une sévérité de cette espèce, qui est absolument contre-nature. En effet, chaque individu, vivant en communauté, fait l'abandon d'une partie de ses droits naturels pour s'assurer la jouissance du reste : or, c'est un principe généralement établi, qu'aucun homme n'a le droit de disposer de sa propre vie; comment donc pourroit-il, dans un contrat social quelconque, déléguer ce droit aux autres? une pareille délégation, quand même elle pourroit avoir lieu, seroit aussi contraire aux règles du bon sens, que préjudiciable au bonheur du genre humain.

Evertuez-vous donc, législateurs de la France, pour corriger le vice par l'instruction; la dépravation des mœurs, par de sages exhortations: quant à ceux, qui par une longue habitude du crime, sont devenus incorrigibles, ôtez-leur le moyen de récidiver, que l'opprobre et la privation de la liberté soit leur partage; mais aussi récompensez ceux qui ont bien mérité de la patrie; que les honneurs deviennent le patrimoine de l'homme vertueux, et votre protection, la sauve-garde du pauvre. Consignez la Guillotine à un éternel oubli, faites rentrer à jamais dans le fourreau le glaive d'une vengeance meurtrière, et transmettez aux siècles à venir l'héritage précieux de la clémence.

Après avoir ainsi discuté quelques points relatifs à la nouvelle constitution que prépare la France, je ne me permettrai d'ajouter que cette seule réflexion : il faut, sur toutes choses, que le gouvernement adopté par la république, quelqu'en soit le mode, renferme en lui-même un principe rénovateur qui puisse en réparer les défauts à mesure qu'ils seront connus; et épargner, par là, à la nation l'horreur des révolutions répétées.

Il n'y a plus de doute que la liberté de la France ne soit assise sur des bâses inébranlables. C'est en vain que, pour la renverser, les despotes prendront les armes, que les aristocrates de toutes les couleurs s'agiteront, que la corruption épuisera ses trésors; les droits de l'homme triompheront toujours, leur règne n'en deviendra que plus brillant et plus durable, les principes de la liberté et de l'égalité se propageront dans toutes les parties du globe; tous les efforts employés pour en arrêter les progrès retomberont sur leurs auteurs; la vérité, si long-tems contenue par la cruauté et par la superstition, n'aura pas plutôt vaincu ces digues, que se répandant sur la terre comme un fleuve bienfaisant, portera par-tout les germes vivifians de la fertilité et de l'abondance ; les tyrans auront beau s'opposer à l'inondation, ils auront beau, dans le délire de leur orgueil, imiter cet extravagant Canut * qui, assis sur la plage de la mer, défendit aux ondes d'approcher de sa personne sacrée : l'onde montera toujours et enveloppera dans un déluge commun, eux, leurs flatteurs et leurs folles prétentions.

Veut-on s'assurer de la bonté de la cause qu'a embrassée la France, et du bonheur réel que lui procure le recouvrement de sa liberté, qu'on jette les yeux sur ce qui s'est passé depuis le dix août. En moins de deux mois elle a mis sur pied, pour sa défense, des armées si nombreuses, que tous les despotes de l'Europe auroient eu peine, par artifice ou par force, d'en lever autant dans l'espace de deux ans.

L'aristocratie, au désespoir, a osé prédire que sa chûte entraineroit nécessairement celles des sciences et des arts : elle a eu la petite vanité d'attribuer le progrès des connoissances humaines et le rafinement des mœurs à l'influence des cours, et à la protection de *la noblesse*; comme si l'une et l'autre cause, fussent-elles les véritables, n'avoient pas leur source dans l'oppression

---

* Canut étoit roi d'Anglettere, avant l'invasion de Guillaume le conquérant.

et l'égoïsme. Le fait est que l'aristocratie et la royauté ont produit tout un autre effet sur la société ; il est vrai qu'elles protégoient le sycophante bel-esprit, et le savant expert dans l'art de flatter ; mais le philosophe éclairé, l'homme de lettres philantrope languissoient dans l'indigence ou dans l'obscurité ; les talens de l'esprit ne trouvoient d'encouragement qu'autant qu'ils étoient accompagnés de la dépravation du cœur.

Ce sont, hélas ! la royauté et l'aristocratie qui, par une violation manifeste de la constitution, tant vantée de la Grande-Bretagne, ont réduit mes malheureux compatriotes à un état d'avilissement et d'oppression qui paroîtroit insupportable même aux habitans de l'Espagne et de la Turquie : c'est ainsi que l'Angleterre se précipite vers une honteuse décadence ; tandis que la France s'élève avec rapidité à un dégré de gloire et de splendeur dont Athênes, au méridien de sa grandeur, n'a jamais pu jouir. Cette heureuse contrée deviendra désormais une terre de promission ; ses habitans, dans le sein de l'abondance, jouiront des doux fruits de la liberté et de l'égalité : on ne verra siéger dans ses académies que des hommes distingués par leurs talens et par leurs vertus : la franchise engageante des hommes libres triomphera de toutes les petitesses d'une étiquette frivole et ridicule ; les temples de la liberté et de la paix seront ornés par les mains de la nature : une joie pure et une bienveillance sans bornes seront les doux fruits de la prospérité générale.

FIN.

www.ingramcontent.com/pod-product-compliance
Lightning Source LLC
Chambersburg PA
CBHW060636050426
42451CB00012B/2627